La maison dans les bois

Ce livre est dédicacé aux castors,
les plus rapides et les meilleurs bâtisseurs au monde,
et tout particulièrement aux castors d'Écosse,
de retour après des années d'absence.

Traduit de l'anglais par Aude Gwendoline

« Petite bibliothèque de l'école des loisirs » : septembre 2023

Titre original : « A House in the Woods » (*Walker Books*, Londres)
Loi numéro 49 956 du 16 juillet 1949 sur les publications
destinées à la jeunesse : septembre 2012
Dépôt légal : septembre 2023
Imprimé en Italie par Grafiche AZ à Vérone
ISBN 978-2-211-33011-4

La maison dans les bois

Inga Moore

l'école des loisirs
11, rue de Sèvres, Paris 6e

Dans une tanière au fond des bois habitait Suzie Truie. Juste à côté, dans une hutte, vivait Simon Cochon.

Un matin,
les deux jeunes cochons
sortirent se promener.

Suzie Truie trouva une plume
et Simon Cochon,
un très intéressant bâton.

Mais lorsque Suzie Truie rapporta sa trouvaille à sa tanière, elle découvrit que Léone Oursonne avait emménagé chez elle.

En soi, cela ne la dérangeait pas : elle aimait bien Léone Oursonne. Le seul souci, c'était sa taille. Maintenant, sa tanière était fichue !

Quant à Simon Cochon, il s'aperçut, en rentrant à la maison avec son bâton, que Vincent Élan logeait à présent chez lui. Cela ne l'ennuyait pas non plus car il appréciait Vincent Élan.

Seulement, il était encore plus grand que Léone Oursonne et lorsqu'il se leva poliment pour saluer Simon Cochon, *crac!* la hutte s'effondra.

Les deux cochons se retrouvèrent sans maison.
Léone Oursonne et Vincent Élan aussi.
Une vraie catastrophe…

Mais Vincent Élan eut soudain une idée de génie : pourquoi ne pas construire une maison où ils pourraient vivre tous ensemble ?

Quel projet palpitant !

**Sauf que bâtir une grande maison,
avec de vraies fenêtres et des portes,
un toit, des escaliers et deux cheminées,
n'est pas chose aisée.
Seuls, ils n'y arriveraient pas.**

**Vincent Élan téléphona donc
aux Castors…**

Et peu de temps après, l'équipe des Castors Ouvriers arriva sur le chantier.

Les Castors réclamèrent d'être payés en sandwiches au beurre de cacahuètes et personne n'y vit d'objection.

Ils rassemblèrent alors
le bois de charpente…

et les travaux
commencèrent.

À l'heure du déjeuner,
les murs de la maison
étaient déjà érigés…

et à l'heure du goûter,
le toit était terminé.

Léone Oursonne
fabriqua les escaliers
et les cheminées
pendant que Vincent
Élan construisait
les fenêtres et les portes.

Ensuite, ils accompagnèrent les deux cochons à la décharge chercher du mobilier, des rideaux et toutes sortes d'autres choses qu'on trouve généralement dans une maison.

Enfin, la maison fut achevée.
Les Castors donnèrent leur facture
et prirent congé. Il restait juste assez
de temps pour se rendre au magasin…

acheter du pain et du beurre de cacahuètes.

ROGER
FACTO
VITO
VITO
VITO
VITO
VITO
VITO
CHOX
CLIX
ME

Alors, Suzie Truie et Simon Cochon aidèrent Vincent Élan
et Léone Oursonne à faire six assiettes de sandwiches

au beurre de cacahuètes, qu'ils livrèrent en personne
aux Castors, dans leur pavillon sur le lac.

Les deux cochons,
Vincent Élan
et Léone Oursonne
n'avaient pas arrêté.
Ils avaient travaillé
très dur, surtout Léone.

Cela valait-il le coup ?
Qu'en pensez-vous ?

Regardez…
Quelle superbe maison !

Léone Oursonne, exténuée,
alla se coucher en premier.

Après avoir fini de manger,
de laver la vaisselle…

et de s'être raconté des histoires au coin du feu, ce fut au tour de Vincent Élan, Suzie Truie et Simon Cochon de gravir les marches qui menaient à leur chambre.

Bientôt, on n'entendit plus
que le doux pépiement
des oiseaux endormis,
perchés sous les toits,
ainsi que le léger froufrou
des souris dans le tapis
de feuilles.

Et puis, de temps en temps,
les ronflements
de Léone Oursonne.

Bonne nuit, Léone Oursonne.
Bonne nuit, Vincent Élan.
Bonne nuit, Suzie Truie
et Simon Cochon.

Faites de beaux rêves !